科学如此惊心动魄·地理 ①

从洞里萨湖
来的秘密警察

寻访柬埔寨

纸上魔方 著

吉林出版集团股份有限公司｜全国百佳图书出版单位

图书在版编目（CIP）数据

从洞里萨湖来的秘密警察：寻访柬埔寨 / 纸上魔方
著. — 长春：吉林出版集团股份有限公司，2017.3（2021.6重印）
（科学如此惊心动魄．地理）
ISBN 978-7-5581-2392-4

Ⅰ.①从… Ⅱ.①纸… Ⅲ.①地理—柬埔寨—儿童读
物Ⅳ.①K933.5-49

中国版本图书馆CIP数据核字(2017)第044435号

科学如此惊心动魄·地理 ①

CONG DONGLISA HU LAI DE MIMI JINGCHA XUNFANG JIANPUZHAI

从洞里萨湖来的秘密警察——寻访柬埔寨

著　　者：纸上魔方（电话：13521294990）

出版策划：孙　昶

项目统筹：孔庆梅

项目策划：于姝姝

责任编辑：颜　明　姜婷婷

责任校对：徐巧智

出　　版：吉林出版集团股份有限公司（www.jlpg.cn）
　　　　　（长春市福祉大路5788号，邮政编码：130118）

发　　行：吉林出版集团译文图书经营有限公司
　　　　　（http://shop34896900.taobao.com）

电　　话：总编办 0431-81629909　营销部 0431-81629880 / 81629881

印　　刷：三河市燕春印务有限公司

开　　本：720mm×1000mm　1/16

印　　张：8

字　　数：100千字

版　　次：2017年3月第1版

印　　次：2021年6月第3次印刷

书　　号：ISBN 978-7-5581-2392-4

定　　价：38.00元

印装错误请与承印厂联系　　电话：15350686777

前　言

四有：有妙赏，有哲思，有洞见，有超越。

妙赏：就是"赏妙"。妙就是事物的本质。

哲思：关注基本的、重大的、普遍的真理。关注演变，关注思想的更新。

洞见：要窥见事物内部的境界。

超越：就是让认识更上一层楼。

关于家长及孩子们最关心的问题："如何学科学，怎么学？"我只谈几个重要方面，而非全面论述。

1. 致广大而尽精微。

柏拉图说："我认为，只有当所有这些研究提高到彼此互相结合、互相关联的程度，并且能够对它们的相互关系得到一个总括的、成熟的看法时，我们的研究才算是有意义的，否则便是白费力气，毫无价值。"水泥和砖不是宏伟的建筑。在学习中，力争做到既有分析又有综合。在微观上重析理，明其幽微；在宏观上看结构，通其大义。

2. 循序渐进法。

按部就班地学习，它可以给你扎实的基础，这是做出创造性工作的开始。由浅入深，循序渐进，对基本概念、基本原理牢固掌握并熟练运用。切忌好高骛远、囫囵吞枣。

3. 以简驭繁。

笛卡尔是近代思想的开山祖师。他的方法大致可归结为两步：第一步是化繁为简，第二步是以简驭繁。化繁为简通常有两种方法：一是将复杂问题分解为简单问题，二是将一般问题特殊化。化繁为简这一步做得好，由简回归到繁，就容易了。

4. 验证与总结。

笛卡尔说："如果我在科学上发现了什么新的真理，我总可以说它们是建立在五六个已成功解决的问题上。"回顾一下你所做过的一切，看看困难的实质是什么，哪一步最关键，什么地方你还可以改进，这样久而久之，举一反三的本领就练出来了。

5. 刻苦努力。

不受一番冰霜苦，哪有梅花放清香？要记住，刻苦用功是读书有成的最基本的条件。古今中外，概莫能外。马克思说："在科学上是没有平坦的大道可走的，只有那些在崎岖的攀登上不畏劳苦的人，才有希望到达光辉的顶点。"

北京大学教授/百家讲坛讲师

张顺燕

贝吉塔

阴险邪恶，小气，如果有谁得罪了她，她就会想尽一切办法报复别人。她本来被咒语封了起来，然而在无意中被冒失鬼迪诺放了出来。获得自由之后，她发现丽莎的父亲就是当初将她封在石碑里面的人，于是为了报复，她便将丽莎的弟弟佩恩抓走了。

善良，聪明，在女巫被咒语封起来之前，被女巫强迫做了十几年的苦力。因为经常在女巫身边，所以它也学到了不少东西。后来因为贝吉塔(女巫)被封在石碑里面，就摆脱了她的控制。它经常做一些令人捧腹大笑的事情，但是到了关键时刻，也能表现出不小的智慧和勇气。它与丽莎共同合作，总会破解女巫设计的问题。

克鲁德 小精灵

安得烈

外号"安得烈家的胖子"，虎头虎脑，胆子特别大，力气也特别大，很有团队意识，经常为了保护伙伴而受伤。

主人公介绍

丽莎

胆小，却很聪明心细，善于从小事情、小细节发现问题，找出线索，最终找出答案。每到关键时刻，她和克鲁德总会一起用智慧破解女巫设计的一个个问题。

迪诺

冒失鬼，好奇心特别强，总是想着去野外探险，做个伟大的探险家。就是因为想探险，他才在无意中将封在石碑里面的贝吉塔（女巫）放了出来。

班奈特

沉着冷静，很有头脑，同时也是几个人中年龄最大的。

佩恩

丽莎的弟弟，在迪诺将封在石碑里面的贝吉塔（女巫）放出来后，就被女巫抓走做了她的奴隶。

目　录

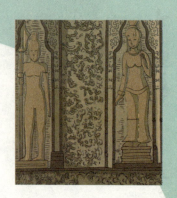

目　录

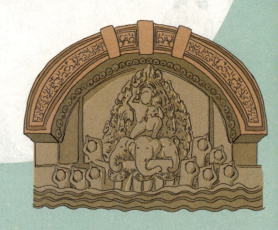

第一章

诡异的笑脸

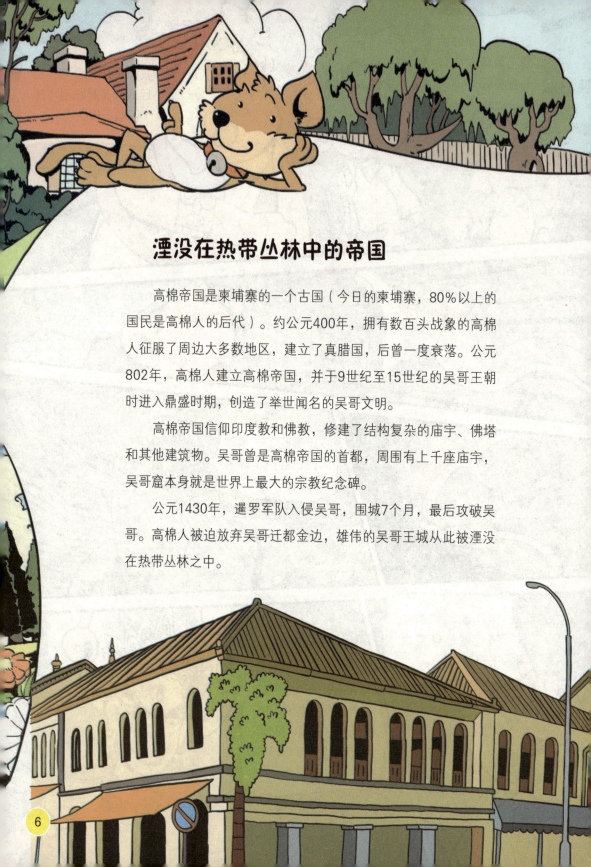

湮没在热带丛林中的帝国

高棉帝国是柬埔寨的一个古国（今日的柬埔寨，80%以上的国民是高棉人的后代）。约公元400年，拥有数百头战象的高棉人征服了周边大多数地区，建立了真腊国，后曾一度衰落。公元802年，高棉人建立高棉帝国，并于9世纪至15世纪的吴哥王朝时进入鼎盛时期，创造了举世闻名的吴哥文明。

高棉帝国信仰印度教和佛教，修建了结构复杂的庙宇、佛塔和其他建筑物。吴哥曾是高棉帝国的首都，周围有上千座庙宇，吴哥窟本身就是世界上最大的宗教纪念碑。

公元1430年，暹罗军队入侵吴哥，围城7个月，最后攻破吴哥。高棉人被迫放弃吴哥迁都金边，雄伟的吴哥王城从此被湮没在热带丛林之中。

世界上最大的庙宇

通常所说的"吴哥窟"即指吴哥寺，又称"小吴哥"，是吴哥古迹中保存最完好的建筑，作为柬埔寨的标志被印在国旗上。它规模宏大、完美对称、浮雕精美，展现了高棉古典建筑艺术的特点。

吴哥窟是世界上最大的庙宇，与中国的万里长城、印度的泰姬陵和印度尼西亚的婆罗浮屠一起，被誉为"古代东方的四大奇迹"。

中国元朝时期周达观撰写的《真腊风土记》中，有关于吴哥窟的详细记载。吴哥窟建筑的精美令人兴叹，却在15世纪后人去楼空，此后的几个世纪里，这座辉煌的古城隐藏在密林中，连柬埔寨当地的居民都对此一无所知。直到19世纪，法国人亨利穆奥发现了它。

丽莎他们在地洞里遇到了哪个帝国的守护神？

答：是高棉帝国的守护神莫特。

高棉人有悠久的历史，又称吉蔑人。他们使用高棉语，属南方蒙古人种。高棉人创造的古代文明，对越南等其他民族进入中南半岛以前的历史有很深的影响，是那里当时最先进的文明。

高棉人在公元802年建立一个强盛的古国——高棉帝国，位于现在的柬埔寨。公元12世纪，高棉帝国建造的吴哥窟寺庙群，成为让世人惊叹不已的杰作。

第二章

从洞里萨湖来的秘密警察

真像天上的繁星！

水灯由香蕉叶包上糯米做成，上面插着蜡烛。人们用它来祈求健康快乐，风调雨顺。

那个莫特说，我们手臂上的笑脸会慢慢冻结我们的血液，把我们变成可怕的血冻人。

也许那个莫特是在跟我们开玩笑。

大家别太担心！莫特说过，只要找到吴哥窟里一个仙女浮雕，用仙女脖子上的花环就可以消除咒语。

13

14

15

送水节

  柬埔寨全名柬埔寨王国，经济以农业为主，是世界上最不发达国家之一。全国有20多个民族，其中高棉族占总人口的80%。柬埔寨的国教为佛教，全国93%以上的人信奉佛教。金边是柬埔寨的首都，也是柬埔寨最大的城市，坐落在湄公河与洞里萨河之间的三角洲地带。

  柬埔寨属于热带季风气候，全年高温炎热，年平均温度为27摄氏度。根据降水的多少，季节可分为雨季和旱季。每年的5月至11月为雨季，湿热的气候来自西南方和南方的海洋，天气经常闷热难耐，降水丰沛。12月至翌年4月，是旱季，从内陆吹来的东北风和北风，使天气晴朗无云。特别是3月至4月间，在阳光直射下，气温迅速升高，是全年最热的月份。

  在柬埔寨文化里，水象征着生命与生育。人们借助送水节，祝愿土地丰饶、农业丰收。

  送水节在每年的佛历十二月十五日（公历11月）举行，它标志着一年中雨季的结束和捕鱼季节的到来。此时柬埔寨进入旱季，鱼肥稻丰。为了感谢河水带来的巨大利益，柬埔寨人民从古代就有了举办送水节的传统习俗，迎接收获季节的到来。

钻石镶嵌而成的佛像

金边王宫雕梁画栋，琉璃瓦顶。在王宫的所有建筑中，银宫最为华丽，因地板是用每块1.125千克重的5329块纯银砖块铺成而得名。大殿内供奉着高约60厘米，由整块翡翠雕成的佛像，晶莹剔透，是柬埔寨的瑰宝。

银宫大厅中央有一座18K金打造成的佛像，重90千克，佛身上镶嵌着9584颗钻石，流光溢彩，无比华丽。最大的一颗钻石镶在佛身胸前，重达25克拉，其次为额上的一颗钻石，重20克拉。据说，这尊金佛像的脸是以西索瓦国王的脸为蓝本塑造的，因为柬埔寨人民相信国王死后会成为佛，塑造这尊佛也有为国王祈福的含义。

让丽莎他们惊叹的带尖塔的黄、白两色建筑是什么？

答：金边王宫。

金边王宫坐落于金边东面，具有高棉传统建筑风格和宗教色彩：宫殿均有尖塔，代表繁荣；殿身涂以黄、白两色，黄色代表佛教，白色代表婆罗门教。

王宫内有大小宫殿20多座，其中凯马琳宫相当于中国皇宫中的金銮殿，设有国王宝座。宝座镶着黄金、钻石，雕镂极其精巧。凯马琳宫是国王接受百官朝见、接见外国贵宾、接受外国使节递交国书等重大活动的场所。

从空中俯瞰，王宫一片金光闪烁，格外引人瞩目。王宫周围回廊的壁画，是艺术家们精心绘制的印度神话故事。

第三章

匪夷所思的美食

这怎么吃啊？没有椅子也没有刀叉！

我们席地而坐，用手抓食！

外酥里嫩……哇，太好吃啦！

真的？那我可要尝尝！

他怎么这个表情？

我们柬埔寨人认为右手干净，左手污秽，进食要用右手。

巴色，我想吃东南亚的菜式。

那就非高棉红咖喱莫属啦！用椰汁做底料，把鱼肉和茄子一起炖，然后搭配面包一起食用……

这味道……阿嚏……真浓郁……阿嚏……

我刚才想说的就是——这种咖喱非常辛辣。

太不注重外表了，要么光着脚丫子，要么只穿拖鞋。

我们柬埔寨人平时不穿鞋子，或者只穿拖鞋。所以，在柬埔寨卖鞋是最没有前途的。

隐蔽在丛林中的高脚屋

　　高棉语为柬埔寨的通用语言，是柬埔寨的一种主要语言。柬埔寨的法定货币为瑞尔，与美元的汇率约为1美元=4000瑞尔，而1元人民币约等于600柬埔寨瑞尔。

　　首都金边的建筑物具有多种风格，城中的寺庙全是古老的吴哥式建筑，较为现代的住宅和办公楼则多是法国式的。而柬埔寨人的传统住房多为竹木结构的高脚式房屋，离地两米左右，上面住人，下面存放农具和停放车辆。房屋多为坐西向东，掩藏在椰子树和香蕉树丛中，既利于通风、驱除闷热，又可以在雨季防水防潮，四周种植各类热带奇花异草。

抓饭而食

　　柬埔寨人以大米为主食，偏爱辣、甜、酸的味道，辣椒、葱、姜、大蒜是不可缺少的调料。

　　鱼和米是柬埔寨美食的两大要素。以鱼为基本材料，蘸上一种加有香料和花生的调味汁，所做出来的美食称为"布拉福客"；另一道名菜称为"好墨客"，用椰汁为佐料，以蕉叶包裹食用。

　　柬埔寨人喜欢吃饭时席地而坐，用手抓饭，把弄好的饭菜包在洗好的生菜叶里，然后蘸上佐料就可以往嘴里送，不过也有些家庭用刀、叉、筷子等餐具。

　　初到柬埔寨的人，经常会被街边贩卖的一种独特小吃吓坏，这就是油炸毒蜘蛛。它生于深山老林，八只粗壮的腿上长满了毛，以其肥硕、美味而著称。

丽莎想吃东南亚的菜式，巴色推荐了什么食物，结果辣得安得烈涕泪交流？

答：高棉红咖喱。

食物是了解一个国家文化的重要窗口之一。浓郁的热带风情赋予了东南亚美食热浪般的味道。浓烈的咖喱调料、辛辣刺激的口感、一试难忘的独特味道是人们对东南亚菜式的普遍印象。

其实东南亚包罗万象，不同国家的美食各有特色。柬埔寨的高棉红咖喱用椰汁做底料，菜品里有牛肉、鸡肉或者鱼肉、茄子、绿豆、鲜椰汁、柠檬香草等。因受法国文化的影响，高棉红咖喱往往搭配面包一起食用。虽然安得烈被辣得涕泪交流，但是比起泰国的咖喱，高棉红咖喱的辛辣浓度已经柔和了很多。

第四章

像海一样广阔的鱼湖

今天星期几了？我算算我们出来几天了。

瞧我的衣服就知道了——星期二。柬埔寨有个有趣的风俗，用服装色彩表示星期，星期二穿紫色。

你为什么不管穿什么衣服，总是围着一条花格布呀？

爱臭美呗！

布就是布，怎么可能身手不凡？

这可是身手不凡的水布！

热了可以用水布遮挡太阳，天凉可以当披肩，还可以盘在头顶，顶重物时帮助我们保持平衡。

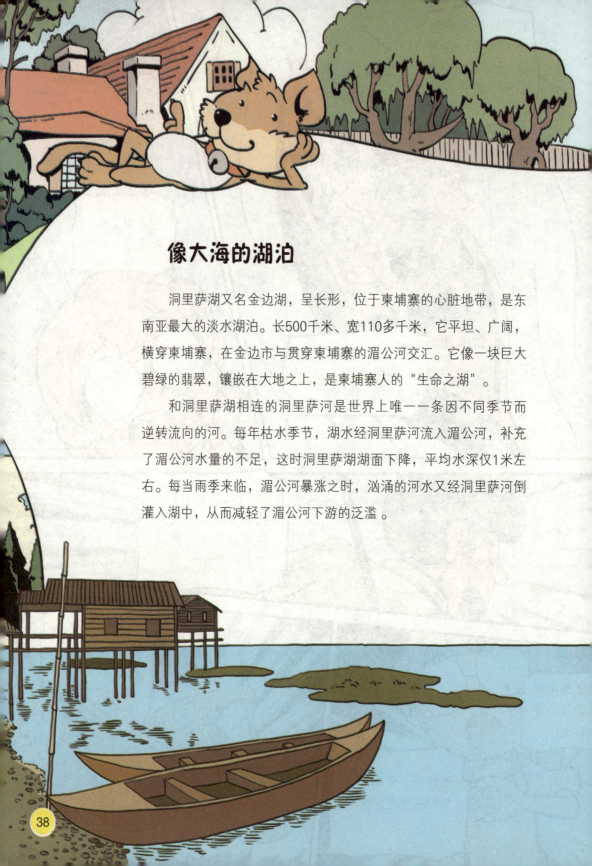

像大海的湖泊

洞里萨湖又名金边湖，呈长形，位于柬埔寨的心脏地带，是东南亚最大的淡水湖泊。长500千米、宽110多千米，它平坦、广阔，横穿柬埔寨，在金边市与贯穿柬埔寨的湄公河交汇。它像一块巨大碧绿的翡翠，镶嵌在大地之上，是柬埔寨人的"生命之湖"。

和洞里萨湖相连的洞里萨河是世界上唯一一条因不同季节而逆转流向的河。每年枯水季节，湖水经洞里萨河流入湄公河，补充了湄公河水量的不足，这时洞里萨湖湖面下降，平均水深仅1米左右。每当雨季来临，湄公河暴涨之时，汹涌的河水又经洞里萨河倒灌入湖中，从而减轻了湄公河下游的泛滥。

身手不凡的水布

柬埔寨的民族传统服装主要有：纱笼、筒裙、水布。

纱笼

水布

水布是柬埔寨人必备之物，可围脖子，还可缠头或系腰间当汗巾，现常作礼物送给贵宾。

柬埔寨有一种古老有趣的风俗，用服装色彩表示星期，有"七彩星期"之说：星期一穿嫩黄色，星期二穿紫色，星期三穿绿色，星期四穿灰色，星期五穿蓝色，星期六穿黑色，星期日穿红色。

在洞里萨湖，当巴色说他们还设置有什么水上机构时，迪诺和安得烈一起惊呆了？

答：小型动物园。

生活在洞里萨湖的水上人家，住在传统的水上高脚屋或是渔船里。衣、食、住、行、育、乐都在湖上进行。载满了货物到处做生意的小船，有卖饮料的、卖蔬果的、卖木柴的……湖面上，除了水上学校，还有小型动物园、水上环保局、水上餐厅、水上加油站……

水上的居民不用出门，就能满足生活的各种需要。家家户户其乐融融，大人、小孩的脸上时时挂着笑容……洞里萨湖孕育的不仅是丰富的水产，还有水上人家的生活乐趣。难怪巴色没有任务的时候，一刻也不想离开洞里萨湖。

第五章

毗湿奴的神殿

44

这是浮雕回廊，墙壁上全部都是浮雕。对啦，这些浮雕要按照逆时针的方向欣赏。

哪里还顾得上？我们赶紧分头行动，寻找仙女浮雕！

拿上这个，方便随时保持联系。

这面墙壁上的浮雕好像在讲述一个精彩的故事。

这里总计有八幅巨型浮雕，绕寺一周。这是其中的搅拌乳海图，叙述毗湿奴的故事。

大家分头对准有花环的仙女浮雕，看看手臂上的笑脸有没有变化不就得了？

这些浮雕很多都戴着花环，到底哪一个才是？

毗湿奴的神庙

　　吴哥窟是高棉古典建筑艺术的高峰，它结合了高棉寺庙建筑学的
两个基本的布局：祭坛和回廊。祭坛由三层长方形有回廊环绕须弥台组
成，一层比一层高，象征印度神话中位于世界中心的须弥山。在祭坛顶
部矗立着按五点梅花式排列的五座宝塔，象征须弥山的五座山峰。寺庙
外围环绕一道护城河，象征环绕须弥山的咸海。

　　印度教因崇奉不同神灵而分成不同教派，吴哥寺是供奉毗湿奴神的
神庙。印度教认为，世界的中心是一座位于大海之中的高山。这座高山
就叫须弥山，是众神仙居住的地方。须弥山周遭有四岳，日与月在山腰
间运行。须弥山的周围是四大洲，这便是吴哥窟主殿五座宝塔的设计蓝
图了。为此，这五座石塔便被称为"天堂"。

搅拌乳海

　　搅拌乳海是个惊心动魄的创世故事，印度教三大主神中毗湿奴亲自操盘，并动用了化身巨龟，吞下毒液拯救苍生，创造神梵天旁敲侧击指点众神。

　　浮雕居中的手持法器盘坐的是毗湿奴，左边是88名阿修罗，右边是92名修罗。毗湿奴的化身海龟库尔马脑袋面向阿修罗一侧，龟背上驮着曼陀罗山，毗湿奴盘坐在曼陀罗山上。蛇族之王婆苏吉缠绕着曼陀罗山，作为搅海的绳索。海里浪花飞溅，鱼虾鳄鱼翻滚，搅海造成大量海洋生物成为牺牲品。

　　在"搅拌乳海"中，神魔的力量来回拉扯，创造了这个运动的世界。"搅拌乳海"这个史诗故事在吴哥这个地方成为世界观的重要组成部分，并为吴哥的建筑和艺术提供了题材和灵感。

吴哥窟在柬埔寨语里是什么意思？

答：毗湿奴的神殿。

印度教保护之神毗湿奴是维持宇宙秩序的主神，印度三大神之一。传说毗湿奴躺在大蛇阿南塔盘绕如床的身上沉睡，在宇宙之海上漂浮。每当宇宙循环的周期一"劫"之始（相当于人间43亿2千万年），毗湿奴一觉醒来，从他的肚脐里长出的一朵莲花，诞生了梵天，然后梵天开始创造世界。一劫之末湿婆又毁灭世界。毗湿奴反复沉睡、苏醒，宇宙不断循环、更新。

毗湿奴下凡救世的故事在印度广为流传，家喻户晓，并衍生出无数的神话。

第六章

天堂阶梯

这面墙上的浮雕上画着一位国王，是不是和吴哥王朝的历史有关？

是的，头戴王冠的就是苏利耶跋摩二世——下令建造吴哥窟的人。

我的偶像，那我可要好好看看！咦？你们的国王，怎么和那个什么神……

毗湿奴神。

对对……你们的国王怎么和毗湿奴神长着同一张脸？

因为国王自认为他就是毗湿奴神的化身。

巴色，这就是你说的与众不同的仙女浮雕？看起来没什么特别呀！

请仔细看！

她嘴巴张那么大，是要干什么？

对，她是寺庙内唯一露齿微笑的仙女浮雕。

55

看你喘的，早就叫你减肥了！

难怪要爬那么陡峭的阶梯，这里视野好开阔！

时间不多啦！咱们加快脚步吧！

色，这尊神像谁啊？看起来像先前见过的个毗湿奴。

这是印度教的另一位大神——湿婆。

是不是站得太高了，我怎么觉得有点儿眩晕？

57

印度教的三大神

印度教源于古印度韦陀教及婆罗门教，是世界主要宗教之一。印度教三大神分别是创造之神梵天，保护之神毗湿奴，毁灭之神湿婆。这三大神在印度教中都是至高神和造物主。

梵天是创造万物的始祖，据说他有四只手四个头。

毗湿奴是宇宙的保护之神，他有许多化身，如鱼、龟、野猪、人狮、侏儒、罗摩、佛陀等。

虽然毁灭神的名号听起来比较恐怖，湿婆却是个多才多艺的神——他是印度舞蹈的始祖，因此又被尊称为"舞神"。湿婆会跳一百零八种舞蹈，分为女性式的柔软舞和男性式的刚健舞两大类型。

湿婆具有复杂的性格和不同的形象。他既是毁灭者，又是创造者；既是伟大的苦行者，又是收获之神、丰饶之神，以及瑜伽信徒。

天堂阶梯

　　吴哥寺的主塔是一座有三层平台的建筑。而通向主塔的楼梯被称为"天堂阶梯",高13米,几乎与地面垂直,36级台阶,坡度75度,台阶进深仅15厘米,只能踩半个脚掌,在攀登时必须手脚并用,让古时的信徒体会通往"天堂之路"的艰辛。1973年,一名法国女游客在攀登陡峭的"天堂阶梯"时失足跌落致死,她的丈夫悲痛之余,捐资在西面台阶一侧修建了一条铁艺扶手,加宽了边上踩踏的台阶,一则借以纪念亡妻,二则方便游客安全地攀登。从此,这一楼梯也被称作"爱情阶梯"。

众人在吴哥建筑群里来回穿梭，到底在找什么？

答：与众不同的仙女浮雕。

吴哥窟众多的仙女浮雕，是寺庙雕刻最美的装饰，这些浮雕使整个宏伟的吴哥窟都鲜活起来。

这些仙女浮雕常常被雕刻在回廊的墙壁、柱廊和门廊之上，甚至在整墙并列出现，令人目不暇接。这一群手舞足蹈的美丽仙女叫作阿普撒拉，相传是由浪花所变，被看作是天女和天使。她们都穿着具有高棉民族特色的服饰，而她们的舞蹈，是柬埔寨人对神灵的祈祷。

仙女浮雕充分展现了吴哥王朝曾经盛极一时的繁荣。

第七章

塔普伦寺

63

67

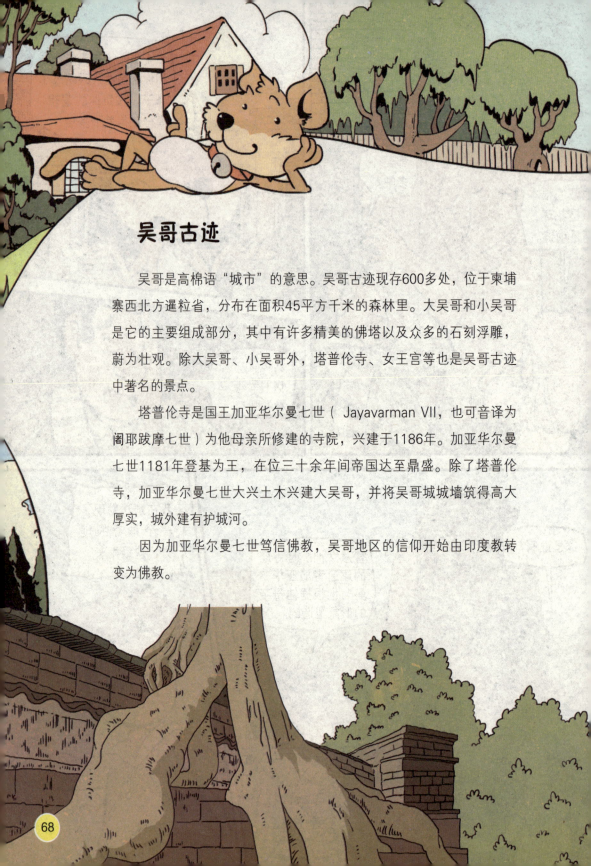

吴哥古迹

吴哥是高棉语"城市"的意思。吴哥古迹现存600多处，位于柬埔寨西北方暹粒省，分布在面积45平方千米的森林里。大吴哥和小吴哥是它的主要组成部分，其中有许多精美的佛塔以及众多的石刻浮雕，蔚为壮观。除大吴哥、小吴哥外，塔普伦寺、女王宫等也是吴哥古迹中著名的景点。

塔普伦寺是国王加亚华尔曼七世（Jayavarman VII，也可音译为阇耶跋摩七世）为他母亲所修建的寺院，兴建于1186年。加亚华尔曼七世1181年登基为王，在位三十余年间帝国达至鼎盛。除了塔普伦寺，加亚华尔曼七世大兴土木兴建大吴哥，并将吴哥城城墙筑得高大厚实，城外建有护城河。

因为加亚华尔曼七世笃信佛教，吴哥地区的信仰开始由印度教转变为佛教。

被"蛇树"盘踞的《古墓丽影》拍摄地

当年的塔普伦寺是一所拥有高僧、祭司、舞女，具有庙宇和修院双重功用的神殿。

曾经结实雄伟的塔普伦寺，如今被当地人称为"蛇树"的卡波克树盘踞。几百年的时间里，它们从一颗不起眼的种子开始，历经数百年，粗壮发亮的根茎绕过梁柱、探入石缝、盘绕在屋檐上、裹住窗门，紧密地缚住神庙。

卡波克葱茂的树叶，就像祈神的臂膀伸向天际，与神庙交错相缠，蔚为奇观，以至于有些学者甚至认为这些树也应列入神庙历史的一部分而一并保护。

电影《古墓丽影》在这里拍摄，取了著名的"树包屋"镜头。

吴哥古迹中，因为一部电影而名声大噪的景点是哪里？

答：塔普伦寺。

电影《古墓丽影》里那座如同被森林吞噬的古老寺庙，无处不在的藤树盘根错节缠绕其中，令人无法相信它存在于现实中。《古墓丽影》为什么会选择塔普伦寺做拍摄地？

很多国家先后参与了对吴哥古迹的抢救和维修，很多树木杂草被清除。塔普伦寺刚被发现时，残垣断壁，阴森恐怖，整修时大树却被完好保存下来，很符合电影的要求。

据传另一个原因是：女主角安吉丽娜·朱莉看见塔普伦寺一尊厚嘴唇的仙女雕像，被震惊了。她觉得那就是自己的化身，建议导演选在这里拍摄。

第八章

高棉的微笑

左排雕塑看起来表情温和，脾气一定很好……像我！

它们是天神修罗。

修罗和阿修罗为什么一起放在这里？

他们在合作搅拌大海，寻找长生不老的甘露——就是搅拌乳海啦！

搅拌乳海？我记得在吴哥窟见过这个故事。

在吴哥古迹里，搅拌乳海的故事在浮雕和雕像中多次出现。

这是南门吧？

吴哥城共有五座大门，南大门以前是供百姓进出的。

城门好特别，上面有个四面佛头！

这张脸就是塔普伦寺的建造者加亚华尔曼七世，他高高在上，接受大家的仰视。

又一位伟大的国王！

他建造了塔普伦寺庙和大吴哥，当然伟大了！

大吴哥城是东南亚历史上最宏伟的都城……我们先去位于大吴哥正中的巴戎寺！

75

哇，我亲爱的加亚华尔曼七世无处不在！

你们很熟吗？

果然是同一张脸！其中一面笑意浓浓，让人看了感觉很开心。

这四个面分别代表"慈、悲、喜、舍"。喜的这面，笑容就像我一样阳光帅气！

通王城

通王城又称大吴哥城，是吴哥王朝的首都。大吴哥建于12世纪末，比小吴哥约晚半个世纪，为加亚华尔曼七世所建。这期间，高棉王国曾经历一场战乱，暹罗军队入侵，内部分裂。加亚华尔曼七世重新统一全国，为了表示他比先前的国王更有力量和权势，他将都城建得更加宏大。

大吴哥周长12千米，有5座城门，内有王宫、巴戎寺、斗象台、癞王台等。经过上一次变乱，朝野上下人都向往和平与安宁，加上加亚华尔曼七世信奉佛教，人民的信仰也大都转向佛教。所以大吴哥中的代表建筑巴戎寺虽然建筑形式与吴哥寺大同小异，但它供奉的已不是印度教诸神，而是观音菩萨。

高棉的微笑

　　位于大吴哥城中心的巴戎寺，是大吴哥的主要古迹，以佛面塔、回廊浮雕而闻名。巴戎寺共分三层，下两层为正方形，外侧廊壁雕刻故事性浮雕；顶层为圆形，树立佛塔。巴戎寺的浮雕不只展现加亚华尔曼七世与敌人战斗的壮阔场面，也有描绘普通百姓集市贸易等生活场景，以及洞里萨湖的风光。这样世俗化的雕塑题材在吴哥建筑群中是非常少见的。

　　因为加亚华尔曼七世笃信佛教，吴哥地区信仰开始由印度教转变为佛教，在巴戎寺中也可以看到印度教与佛教并存的特殊风格。

　　巴戎寺最著名的，就是以加亚华尔曼七世的面容为蓝本雕刻的54尊四面佛像，200多个微笑，俯视着巴戎寺和吴哥，经过几百年的风吹雨打，有些已经残破。这些微笑就是"高棉的微笑"的由来。

大吴哥南门前有**两排塑像，**一排表情温和，另一排却

面目狰狞，它们分别**是谁**？

答：面目狰狞的是阿修罗，表情温和的是修罗。

阿修罗和修罗来自梵文，修罗就是"端正"，人们称之为天神，梵文的"阿"是否定词，阿修罗翻译过来就是"无端正"。无端正自然长相丑陋，凶狠而好斗，而修罗却气宇轩昂。

阿修罗易怒好斗，骁勇善战，曾多次与提婆神恶战，但阿修罗也奉佛法，是佛教护法神天龙八部之一。在搅拌乳海的故事中，阿修罗被毗湿奴和修罗算计，虽然出了很多蛮力，最后不但没尝到长生不老药，还落得个身首异处的下场。

第九章

假门

国王的微笑虽然让人内心平静，可此刻我还是感觉心急如焚。

这样找下去也不是办法……大家好好想想，莫特当时有没有别的提示？

我想起来了，他好像提到过"假门"！

我怎么不记得？

我走在最后，模糊记得莫特朝我们喊过"假门"两个字。

莫非那个可以破解咒语的仙女浮雕在"假门"附近？

难道真的有"假门"？

巴孔寺里就有，我们现在就去！

83

这个想法好特别……

选大象还有另外一个原因，跟巴孔寺的建造者因陀罗跋摩一世有关。

我还以为它和塔普伦寺是同一个建造者呢！

你可真够迷恋加亚华尔曼七世的，是因为他的笑脸还是因为"古墓丽影"？

巴孔寺可比塔普伦寺古老多啦！因陀罗跋摩一世与众神之王因陀罗同名，而因陀罗的交通工具就是大象，所以因陀罗跋摩一世骑坐的也是大象！

看来大象是权力的象征。

在印度神话里，大象用鼻子撑起了地球，所以它象征着力量。

假门在最高一层的中央塔，大家跟上！

我的双腿也开始变麻木了……

上来吧，我背你！

巴色，你刚才说巴孔寺很古老？

是的，这座寺庙是881年建立的，比塔普伦寺早很多年！

你们看，石狮子！

罗洛斯遗址

　　吴哥王朝曾经建立了数个首都，罗洛斯是第二个，吴哥王朝在此定都70年。

　　罗洛斯遗址于公元9世纪末建造，被称为高棉古典艺术的开始，展现着早期的高棉文明。它包括三处遗迹，分别是巴孔寺、罗雷寺、普利哥寺（又名神牛寺）。三座遗迹在建筑设计、使用材料和装饰上都有很多相似的特征。

　　巴孔寺原为废墟，后来由法国远东学院古迹维修专家莫里斯从1936年开始修复，历时7年大致修复原貌。它是一座五层的方形金字坛，底层边长65米，最顶层的中心矗立着一座宝塔，曾经是市中心的大型庙宇。

石头的文明

　　柬埔寨地处热带，强烈的日照会使石头变热，所以不适合用石头来建造房屋。但供奉神的寺庙和国王的坟墓一定要承受住经年累月的风吹日晒，必须用砖石来建造。所以，吴哥文明又被称为"石头的文明"。

　　早期吴哥建筑的主要材料是红砖，先用红砖砌造，然后在红砖外涂布灰泥，在灰泥层雕刻出精彩的图案。由于年代久远，灰泥剥落情况相当严重，现在已经很少能看到灰泥上的雕刻作品了。巴孔寺是吴哥古迹中第一座多层式的神殿山，也是吴哥王朝第一座用砂岩石块代替红砖的寺庙，意义非凡。

巴色说巴孔寺是柬埔寨什么活动的最佳位置之一？

答：看日落。

吴哥古迹的日出和日落被誉为世界最美——静默的吴哥古迹映衬着日升日落，呈现出一种惊心动魄的美。

巴孔寺是看日落的最佳位置之一。沐浴在阳光里的是来自不同国家、不同民族、不同肤色的人。当日落的大幕即将拉开，四周的嘈杂声渐渐消失，取而代之的是此起彼伏的快门声和夹杂着无数感叹词的话语。随着太阳慢慢西下，光线慢慢变柔，来自世界各地的"朝圣者"像是经历一次洗礼一样，毫不吝啬微笑和赞美。掌声雷动的巴孔寺里和看日落的人们，被一层金色的光笼罩着。

第十章

空中宮殿

92

这就是吴哥城里最高的建筑——空中宫殿!

看起来真像悬在空中。

宫殿?就是国王的王宫?里面一定有宝藏!可惜我现在动不了……

空中宫殿实际上并非王宫。看到那边的废墟了没?那是原来的王宫,因为是木建筑,现在已经不存在了。

当时的王宫极为壮丽,墙壁镶金,地铺银砖……

好可惜啊……

96

这个台阶比吴哥窟的天堂阶梯还要陡峭!

传说金塔内住着九头蛇精变成的女子,每天深夜出现。国王必须每天爬上这些台阶与蛇精见面……

你们的国王也太忠厚了吧?他可以不去啊!

如果国王一日不去,必定有灾祸降临。

好恐怖的传说!

天快全黑了,莫特说还会有蝙蝠和乌鸦袭来。我们怎么才能爬上去?

那个萨尔汗也太没责任心了,随随便便把我们往这里一扔就溜走了。

谁在背后数落我的坐骑?

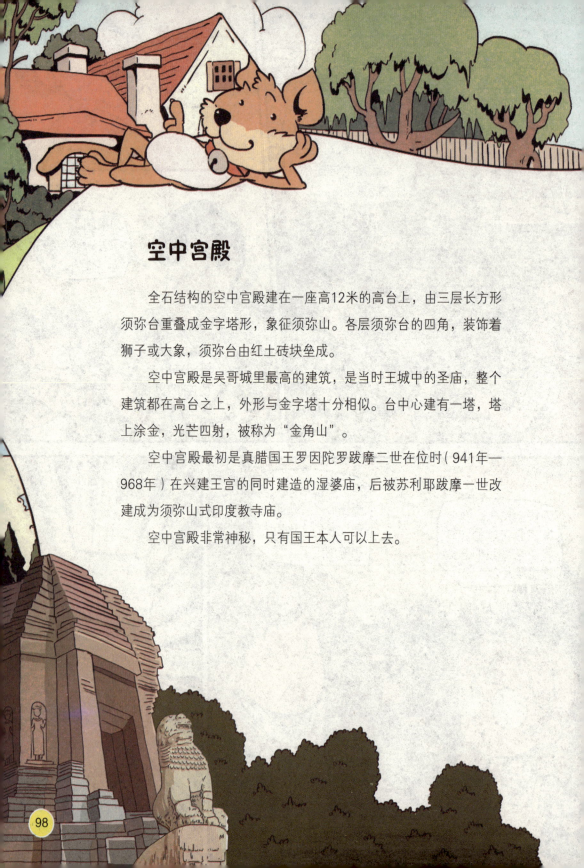

空中宫殿

　　全石结构的空中宫殿建在一座高12米的高台上，由三层长方形须弥台重叠成金字塔形，象征须弥山。各层须弥台的四角，装饰着狮子或大象，须弥台由红土砖块垒成。

　　空中宫殿是吴哥城里最高的建筑，是当时王城中的圣庙，整个建筑都在高台之上，外形与金字塔十分相似。台中心建有一塔，塔上涂金，光芒四射，被称为"金角山"。

　　空中宫殿最初是真腊国王罗因陀罗跋摩二世在位时（941年—968年）在兴建王宫的同时建造的湿婆庙，后被苏利耶跋摩一世改建成为须弥山式印度教寺庙。

　　空中宫殿非常神秘，只有国王本人可以上去。

蛇妖的金塔

　　空中宫殿是吴哥王宫内为数不多的保留较为完好的建筑，楼梯非常的陡峭，有70度的陡坡。空中宫殿虽然名为宫殿，实际上并非王宫。王宫在空中宫殿东北约200米处，因为是木建筑，长年累月的风吹、日晒、雨淋后已经不复存在。

　　1295年随元朝使团出访真腊国的周达观叙述，王宫极为壮丽，镶金墙壁，地铺银砖，王宫的大柱都雕刻佛像，国王的五香宝座镶嵌七色宝石。而空中宫殿的金塔是国王的寝宫，国王每夜必到金塔中就寝。民间传说金塔内住着高棉人奉为神灵的九头蛇精，夜化女身，与国王同寝，王后也不敢入内。如蛇精一日不见国王，则国王死期将近；如国王一日不去，则国家必定有灾祸降临。

巴色说真正的王宫因为是木建筑已经变成了**废墟**，那柬埔寨人为什么当初不用**石头**建造王宫？

答：在柬埔寨古代，人类住的是用木材建造的宫殿，只有神才有资格住在用石头建造的房屋里。吴哥窟是祭祀用的或者供奉神灵的建筑，所以用石头建造。而人类居住的场所，即使是国王的王宫，也只能用木头搭建。柬埔寨气候炎热多湿，木材建造的房屋比干燥地带更容易损坏，所以当初的王宫已经在时间的长河中渐渐毁灭了。

第十一章

女王宫

那是因为当时你身上没戴这个项链。

的确……中了邪恶之神的诅咒后我们返回地面，我才戴上项链的。

可是，这跟它们是否怕小精灵有什么关系？

萨尔汗，喷火！

千万别损坏了这里的古迹！

我觉得自己快要窒息了……

他们快挺不住了!

莫特,你说的那个戴花环的仙女浮雕到底在哪里?

我也不知道,只能一个个测试。

什么?

可是吴哥古迹里的仙女浮雕我们都已经试过了……

不,有个地方还没试过!

他没记错。女王宫用红色砂岩做建筑材料，这种材料不仅可以像木头一样被雕刻，而且风干后变得异常坚硬，千年不坏。

我有种直觉，我们要找的仙女浮雕一定在这里面！

萨尔汗带着丽莎姐弟，迪诺和安得烈跟着我，班奈特、克鲁德和巴色一组。

…，你一个人…得动我和迪…个人？

我可是高棉的守护神！

莫特，邪恶之神为什么要派手下袭击我们？

当年我们的祖先用法术困住了邪恶之神，可是这个法术有个致命的弱点：每500年需要高棉的守护神重启一次。

可是，这跟我们被袭有什么关系？

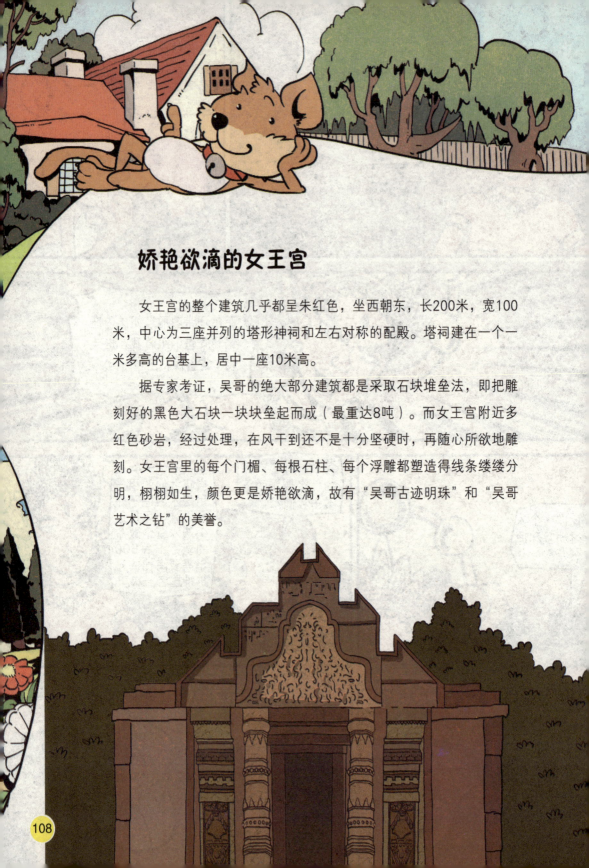

娇艳欲滴的女王宫

女王宫的整个建筑几乎都呈朱红色，坐西朝东，长200米，宽100米，中心为三座并列的塔形神祠和左右对称的配殿。塔祠建在一个一米多高的台基上，居中一座10米高。

据专家考证，吴哥的绝大部分建筑都是采取石块堆垒法，即把雕刻好的黑色大石块一块块垒起而成（最重达8吨）。而女王宫附近多红色砂岩，经过处理，在风干到还不是十分坚硬时，再随心所欲地雕刻。女王宫里的每个门楣、每根石柱、每个浮雕都塑造得线条缕缕分明，栩栩如生，颜色更是娇艳欲滴，故有"吴哥古迹明珠"和"吴哥艺术之钻"的美誉。

被偷走的女神像

据碑文所载，女王宫始建于公元967年，于吴哥王朝阇耶跋摩五世(公元968年—1001年在位)统治时期建成，后来淹没在热带雨林中，直至1914年才被西方人发现。

1923年法国人马尔罗从女王宫偷走了四件女神像，案件轰动一时。马尔罗很快被逮捕，失窃的女神像也随即被送回柬埔寨。此事件激起了人们对女王宫的兴趣，并发现它的雕刻极其精细，是古代高棉雕刻的最高峰。

关于女王宫名字的来历有两种说法，一种说法是它是由女子设计、建造的，因为这里的雕刻太过精美，造型十分逼真，不像出于男性之手。

另一种说法是，这是一座后妃居住的宫殿。吴哥王朝时期，柬埔寨经常与邻国发生战争，因此在远离吴哥王城的地方建造宫殿，为在战争期间藏匿后宫佳丽。

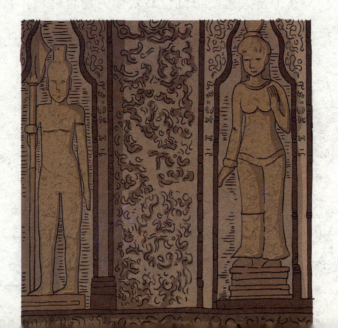

女王宫经过千百年的**风吹雨打**，为什么颜色还**如此艳丽**？

答：因为红砂岩。

红砂岩其实是用高棉特有的一种红土加工而成。这种红土的黏性极强，含有大量水分，在自然状态下非常松软。工匠们把红土放进特制的大型模具中夯实成形，经过晾晒风干，红土块就会变成结实的红砂岩。

在风干的过程中，红砂岩因为质地并不坚硬，工匠们可以随心所欲地在上面精雕细刻，塑造出或柔美或伟岸的图案来。当加工完毕的土块彻底干透后，其棱角硬得像刀刃，千年不坏。

女王宫大量使用红色砂岩作为建筑材料，宫内宫外精致的浮雕几乎装饰着建筑的每一寸表面，直到现在还保留着鲜艳欲滴的颜色。

第十二章

东方蒙娜丽莎

法术重启的时候，凶残冷酷的邪恶之神将趁机冲出包围，导致生灵涂炭。而唯一能在重启的时刻困住邪恶之神的，是一枚血戒。

血戒现在在哪里？

血戒的守护者和血戒一起下落不明……现在邪恶之神已经蠢蠢欲动，而21天后就是法术重启的日子……

如果到时候还无法找到血戒，人类将面临可怕的灾难。

难道克鲁德的项链和血戒有联系？

它项链上的图案，和血戒的图案一模一样。所以，邪恶之神对你们几个格杀勿论！

可小精灵进入地洞时并没有戴项链，邪恶之神为什么还要对我们施下恶毒的诅咒？

因为你们误闯进了关押邪恶之神的禁地……开工！

你们看这几只猴子，好可爱！它们聚在一起是在聊天吗？

它们身后的窗户好特别！

那是葫芦棂，在吴哥窟遗迹中处处可见，既透光又能挡住热带炽热的阳光。

这位仙女旁边有武士守候，一定与众不同！

这幅精美绝伦的作品曾经被盗……

盗贼一定是被她宛如蒙娜丽莎的微笑迷住了。

有眼光！这是阿帕莎拉女神像，被称为"东方蒙娜丽莎"。

沙拉？

东方蒙娜丽莎

沉睡在暹粒热带丛林间的吴哥文明，让人叹为观止。全部用石头建构以及精美的浮雕艺术，是吴哥古迹的两大特点。

吴哥王朝辉煌鼎盛于11世纪，是当时称雄中南半岛的大帝国，也是柬埔寨文化发展史上的一个高峰。当年周达观的《真腊风土记》以"富贵真腊"形容他见到的高棉，文中的描述则体现了高棉的另一个特质——"艺术真腊"。

吴哥古迹中的女王宫离吴哥古迹的中心区很远。高棉的雕塑家赋予"阿帕莎拉"女神像丰腴的体态、浅淡的微笑，并因此被称为"东方蒙娜丽莎"。它是1923年被法国人马尔罗切割偷走的珍贵文物中的一个，在海关被查获扣留才归回原位。

吴哥遗迹重现

1431年，吴哥窟被高棉人遗弃，森林逐渐覆盖了漫无人烟的吴哥窟，使得吴哥遗迹渐渐被世人忘却。

1586年，方济各会修士和旅行家安东尼奥·达·马格达连那发现了吴哥窟，并向西方国家报告了这一惊人发现，但在当时被世人视为天外奇谈，一笑置之。

在之后的几百年间，又有一些西方探险家和科学家到过吴哥窟，并著书立传介绍吴哥窟，可是依然没有引起人们的注意。

1866年，法国摄影师艾米尔·基瑟尔首次拍摄到了吴哥窟的照片，让人们目睹到吴哥窟的雄伟风采，这才使世人对吴哥刮目相看。

1908年起，法国远东学院开始对吴哥窟古迹进行为期数十年的精心细致的修复工程，至此吴哥窟雄伟壮观的原貌才重现天日。

在女王宫的哪座雕塑前，克鲁德好奇地停下了脚步？

答：神猴哈奴曼。

克鲁德看到的可不是普通的猴子，而是大名鼎鼎的神猴哈奴曼。

在印度的伟大史诗《罗摩衍那》中，哈奴曼神通广大，除恶扬善。它的主人罗摩之妻美若天仙，被十头魔王用计劫走。罗摩带手下征讨魔王，却损失惨重。危急时刻哈奴曼挺身而出，凭借自己的勇敢机敏征服强敌，救出了主人的妻子。主人罗摩为报答神猴，赐它长生不老。

著名学者胡适认为《西游记》里的美猴王孙悟空的原型即取自哈奴曼。